पीपल छाँव

पीपल छाँव

मुनव्वर राना

वाणी प्रकाशन

वाणी प्रकाशन

4695, 21-ए, दरियागंज, नयी दिल्ली 110 002

फ़ोन : +91 11 23273167 फ़ैक्स : +91 11 23275710

शाखाएँ

अशोक राजपथ, पटना 800 004, बिहार

कॉफ़ी हाउस कैम्पस, महात्मा गांधी मार्ग, इलाहाबाद 211 001, उत्तर प्रदेश

महात्मा गांधी अन्तरराष्ट्रीय हिन्दी विश्वविद्यालय, वर्धा 442 001, महाराष्ट्र

सुल्तानिया रोड, मोतिया पार्क, भोपाल 462 001, मध्य प्रदेश

www.vaniprakashan.com
marketing@vaniprakashan.in
sales@vaniprakashan.in

PIPAL CHHAON
by Munawwar Rana

ISBN : 978-81-8143-981-9
Ghazals

संस्करण 2009, 2014
आवृत्ति 2020

मूल्य : ₹ 125

सिटी प्रेस, दिल्ली-110 095 में मुद्रित

वाणी प्रकाशन का लोगो मक़बूल फ़िदा हुसेन की कूची से

शायर और शायरी के आशिक़
दिल के राजा
अतुल कुमार सिंह
के नाम

जो तीर भी आता है वो ख़ाली नहीं जाता
मायूस मेरे दर से सवाली नहीं जाता

अनुक्रम

ग़ज़लें

वो मैला-सा, बोसीदा-सा आँचल नहीं देखा
मुद्दत हुई हमने कोई पीपल नहीं देखा

घर में जलता पेड़

अगर चाँद की तारीख़ों से हिसाब जोड़ा जाये तो मुनव्वर राना से मेरे तअल्लुक़ात का दस साल का अरसा पलक झपकते गुज़र गया। इस पूरी एक दहाई में इब्तिदा के चन्द दिनों के अलावा कोई लम्हा शायद ऐसा नहीं गुज़रा कि मैं उसके ख़याल से ग़ाफ़िल रहा हूँ।

शुरू-शुरू में किसी दिन उसने मुझसे कहा था कि "मैं तअल्लुक़ात की उस हद तक पहुँच जाता हूँ कि या तो अपने दोस्त को अपनी कमज़ोरी बना लेता हूँ या फिर मैं उसकी कमज़ोरी बन जाता हूँ।"

मुझे नहीं मालूम कि मैं मुनव्वर राना की कमज़ोरी बन सका या नहीं, मगर यह बात मैं पूरे यक़ीन के साथ कहता हूँ, बल्कि इस बात का एतराफ़ करता हूँ कि वो मेरी कमज़ोरी ज़रूर बन गया, क्योंकि कभी-कभी मैं यह महसूस करता हूँ कि मैं उसे चाहने लगा हूँ। ज़ाहिर है कि यह सूरत पढ़ने वालों के लिए ख़तरनाक होगी कि मुझे उसकी शख़्सियत और उसके फ़न्नी किरदार में कोई झोल नज़र नहीं आता। कोई ज़रूरी भी नहीं कि उसके सभी पढ़ने और सुनने वाले उसे मेरी तरह महसूस करते हों, मगर मेरी इस बात से उसके और मेरे दुश्मन भी इनकार नहीं कर सकते कि वो जिस महफ़िल में होता है, जान-ए-महफ़िल होता है। वो जहाँ भी होता है नब्बे और पंचानबे फ़ीसदी लोगों को कभी अपने खुलूस, कभी नर्म-गुफ़्तारी और कभी अपनी बेइन्तहा बेतकल्लुफ़ी से अपना बना लेता है। हज़ारहा लोगों के मजमे में खड़े हो कर जब वह अपनी ऊँची आवाज़ में शे'र सुनाते हुए कभी-कभी यह जुमला कहता है कि—"आप दाद दें या न दें, मुझे मालूम है कि मैं शायर बहुत अच्छा

हूँ।" तो यक़ीन जानिए कि मेरे हिसाब से उसे 'हूट' हो जाना चाहिए। चुनांचे मैं अक़्सर इस जुमले पर अपनी नापन्सदीदगी का इज़हार करता हूँ, मगर मेरे अलावा इस जुमले पर लरज़ता कोई नहीं, बल्कि मजमा हँसता है, ख़ुश होता है और तालियाँ बजा कर दाद देता है।

यह क़िस्सा किसी एक शहर, कस्बे या गाँव का नहीं है, बल्कि पूरे मुल्क में जहाँ-जहाँ भी वह जाता है, यही होता है। मैं अपने एतराज़ पर दिल-ही-दिल में शर्मिन्दा होता हूँ और सोचने लगता हूँ—"शोहरतें सबके मुक़द्दर में कहाँ होती हैं।"

कहने का मतलब यह है कि अब उसे हिन्दुस्तान और पाकिस्तान के अदबी और अवामी हलक़े अच्छी तरह जानते और पहचानते हैं। यह भूमिका बाँध कर मुझे मुनव्वर राना की न तो कोई सिफ़ारिश करनी है, न उसकी शायरी और उसके ख़ानदान का कोई क़सीदा लिखना है, न मुझे यह बताना है कि यह ग़ज़ल का बड़ा ताज़ाकार शायर है, न मुझे यह लिखने की कोई ज़रूरत है कि दस बरस की छोटी-सी मुद्दत में मुनव्वर राना ने गिरे-पड़े लफ़्ज़ों को अपने लहजे के ढंग और रोग़न से सजा-सँवार कर उर्दू की नयी ग़ज़ल के ख़ज़ाने में कुछ जमा कर दिया है, न मुझे यह बताना है कि वह शायरी कुछ हासिल करने के लिए करता है, क्योंकि मिज़ाज तो वह फ़क़ीरों वाला लाया है जिसे देना-ही-देना होता है, लेना कुछ नहीं, और न मुझे यह कहना है कि उसकी ग़ज़लों की यह किताब 'पीपल छाँव' अदब की दुनिया में कोई इन्क़लाब ले आयेगी—बताना सिर्फ़ मुझे यह है कि :

जो धूप में जलने का सलीक़ा नहीं रखता
उस पेड़ को पत्तों की क़बा भी नहीं मिलती

31 मार्च, 1987 —**वाली आसी**

पीपल छाँव

1.

वो ग़ज़ल पढ़ने में लगता भी ग़ज़ल जैसा था
सिर्फ़ ग़ज़लें नहीं, लहजा भी ग़ज़ल जैसा था

वक़्त ने चेहरे को बख़्शी हैं ख़राशें वरना
कुछ दिनों पहले ये चेहरा भी ग़ज़ल जैसा था

तुमसे बिछड़ा तो पसन्द आ गयी बेतरतीबी
इससे पहले मेरा कमरा भी ग़ज़ल जैसा था

कोई मौसम भी बिछड़ कर हमें अच्छा न लगा
वैसे पानी का बरसना भी ग़ज़ल जैसा था

नीम का पेड़ था, बरसात थी और झूला था
गाँव में गुज़रा ज़माना भी ग़ज़ल जैसा था

वो भी क्या दिन थे तेरे पाँव की आहट सुन कर
दिल का सीने में धड़कना भी ग़ज़ल जैसा था

इक ग़ज़ल देखती रहती थी दरीचे से मुझे
सोचता हूँ, वो ज़माना भी ग़ज़ल जैसा था

कुछ तबीयत भी ग़ज़ल कहने पे आमादा थी
कुछ तेरा फूट के रोना भी ग़ज़ल जैसा था

मेरा बचपन था, मेरा घर था, खिलौने थे मेरे
सर पे माँ-बाप का साया भी ग़ज़ल जैसा था

नर्म-ओ-नाज़ुक-सा, बहुत शोख़-सा, शर्मीला-सा
कुछ दिनों पहले तो 'राना' भी ग़ज़ल जैसा था

❖

2.

फ़रिश्ते आ के उनके जिस्म पर ख़ुशबू लगाते हैं
वो बच्चे रेल के डिब्बों में जो झाड़ू लगाते हैं

अँधेरी रात में अक़्सर सुनहरी मशअलें ले कर
परिन्दों की मुसीबत का पता जुगनू लगाते हैं

दिलों का हाल आसानी से कब मालूम होता है
कि पेशानी पे चन्दन तो सभी साधू लगाते हैं

ये माना आप को शोले बुझाने में महारत है
मगर वो आग जो मज़लूम के आँसू लगाते हैं

किसी के पाँव की आहट से दिल ऐसे उछलता है
छलाँगें जंगलों में जिस तरह आहू लगाते हैं

बहुत मुमकिन है अब मेरा चमन वीरान हो जाये
सियासत के शजर पर घोंसले उल्लू लगाते हैं

❖

3.

धँसती हुई क़ब्रों की तरफ़ देख लिया था
माँ-बाप के चेहरों की तरफ़ देख लिया था

दौलत से मोहब्बत तो नहीं थी मुझे लेकिन
बच्चों ने खिलौनों की तरफ़ देख लिया था

उस दिन से बहुत तेज़ हवा चलने लगी है
बस, मैंने चराग़ों की तरफ़ देख लिया था

अब तुमको बुलन्दी कभी अच्छी न लगेगी
क्यों ख़ाकनशीनों की तरफ़ देख लिया था

तलवार तो क्या, मेरी नज़र तक नहीं उट्ठी
उस शख़्स के बच्चों की तरफ़ देख लिया था

❖

4.

तू हर परिन्दे को छत पर उतार लेता है
ये शौक़ वो है जो ज़ेवर उतार लेता है

मैं आसमाँ की बुलन्दी पे बारहा पहुँचा
मगर नसीब ज़मीं पर उतार लेता है

अमीरे-शहर की हमदर्दियों से बच के रहो
ये सर से बोझ नहीं, सर उतार लेता है

उसी को मिलता है एजाज़ भी ज़माने में
बहन के सर से जो चादर उतार लेता है

उठा है हाथ तो फिर वार भी ज़रूरी है
कि साँप आँखों में मंज़र उतार लेता है

❖

5.

ख़ूबसूरत झील में हँसता कँवल भी चाहिए
है गला अच्छा तो फिर अच्छी ग़ज़ल भी चाहिए

उठ के इस हँसती हुई दुनिया से जा सकता हूँ मैं
अहले-महफ़िल को मगर मेरा बदल भी चाहिए

सिर्फ़ फूलों से सजावट पेड़ की मुमकिन नहीं
मेरी शाख़ों को नये मौसम में फल भी चाहिए

ऐ मेरी ख़ाके-वतन, तेरा सगा बेटा हूँ मैं
क्यों रहूँ फ़ुटपाथ पर मुझको महल भी चाहिए

धूप वादों की बुरी लगने लगी है अब हमें
अब हमारे मसअलों का कोई हल भी चाहिए

तूने सारी बाज़ियाँ जीती हैं मुझ पर बैठ कर
अब मैं बूढ़ा हो गया हूँ अस्तबल भी चाहिए

❖

6.

ख़ुद सूख गया ज़ख़्म ने मरहम नहीं देखा
इस खेत ने बरसात का मौसम नहीं देखा

इस क़ौम को तलवार से डर ही नहीं लगता
तुमने कभी ज़ंजीर का मातम नहीं देखा

शाख़े-दिले-सरसब्ज़ में फल ही नहीं आये
आँखों ने कभी नींद का मौसम नहीं देखा

मस्जिद की चटाई पे ये सोते हुए बच्चे
इन बच्चों को देखो, कभी रेशम नहीं देखा

हम ख़ानाबदोशों की तरह घर में रहे हैं
कमरे ने हमारे कभी शीशम नहीं देखा

इस्कूल के दिन याद न आने लगें राना
इस ख़ौफ़ से हमने कभी अलबम नहीं देखा

❖

7.

हम, सायादार पेड़ ज़माने के काम आये
जब सूखने लगे तो जलाने के काम आये

तलवार की मियान कभी फेंकना नहीं
मुमकिन है, दुश्मनों को डराने के काम आये

कच्चा समझ के बेच न देना मकाँ को
शायद ये कभी सर को छुपाने के काम आये

❖

8.

इतना रोये थे लिपट कर दरो-दीवार से हम
शहर में आ के बहुत दिन रहे बीमार-से हम

अपने बिकने का बहुत दुख है हमें भी लेकिन
मुस्कुराते हुए मिलते हैं ख़रीदार से हम

संग आते थे बहुत चारों तरफ़ से घर में
इसलिए डरते हैं अब शाख़े-समरदार से हम

सायबाँ हो, तेरा आँचल हो कि छत हो लेकिन
बच नहीं सकते रुसवाई की बौछार से हम

रास्ता तकने में आँखें भी गवाँ दीं राना
फिर भी महरूम रहे आपके दीदार से हम

❖

9.

मुफ़लिसी पासे-शराफ़त नहीं रहने देगी
ये हवा पेड़ सलामत नहीं रहने देगी

शहर के शोर से घबरा के अगर भागोगे
फिर तो जंगल में भी वहशत नहीं रहने देगी

कुछ नहीं होगा तो आँचल में छुपा लेगी मुझे
माँ कभी सर पे खुली छत नहीं रहने देगी

आप के पास ज़माना नहीं रहने देगा
आप से दूर मोहब्बत नहीं रहने देगी

शहर के लोग बहुत अच्छे हैं लेकिन मुझको
'मीर' जैसी ये तबीयत नहीं रहने देगी

रास्ता अब भी बदल दीजिए राना साहब
शायरी आप की इज़्ज़त नहीं रहने देगी

❖

10.

दश्तो-सहरा में कभी उजड़े खँडर में रहना
उम्र भर कोई न चाहेगा सफ़र में रहना

ऐ ख़ुदा, फूल-से बच्चों की हिफ़ाज़त करना
मुफ़लिसी चाह रही है मेरे घर में रहना

इसलिए बैठी है दहलीज़ पे मेरी बहनें
फल नहीं चाहते ता-उम्र शजर में रहना

मुद्दतों बाद कोई शख़्स है आने वाला
ऐ मेरे आँसुओ, तुम दीद-ए-तर में रहना

किस को ये फ़िक्र कि हालात कहाँ आ पहुँचे
लोग तो चाहते हैं सिर्फ़ ख़बर में रहना

मौत लगती है मुझे अपने मकाँ की मानिन्द
ज़िन्दगी जैसे किसी और के घर में रहना

❖

11.

हिज्र में पहले-पहल रोना बहुत अच्छा लगा
उम्र कच्ची थी तो फल कच्चा बहुत अच्छा लगा

मैंने एक मुद्दत से मस्जिद भी नहीं देखी मगर
एक बच्चे का अज़ाँ देना बहुत अच्छा लगा

जिस्म पर मेरे बहुत शफ़्फ़ाफ़ कपड़े थे मगर
धूल मिट्टी में अटा बेटा बहुत अच्छा लगा

शहर की सड़कें हों चाहे गाँव की पगडण्डियाँ
माँ की उँगली थाम कर चलना बहुत अच्छा लगा

तार पर बैठी हुई चिड़ियों को सोता देख कर
फ़र्श पर सोता हुआ बच्चा अच्छा लगा

हम तो उसको देखने आये थे इतनी दूर से
वो समझता था हमें मेला बहुत अच्छा लगा

❖

12.

हँसते हुए माँ-बाप की गाली नहीं खाते
बच्चे हैं तो क्यों शौक़ से मिट्टी नहीं खाते

तुम से नहीं मिलने का इरादा तो है लेकिन
तुम से न मिलेंगे, ये क़सम भी नहीं खाते

सो जाते हैं फ़ुटपाथ पे अख़बार बिछा कर
मज़दूर कभी नींद की गोली नहीं खाते

बच्चे भी ग़रीबी को समझने लगे शायद
जब जाग भी जाते हैं तो सहरी नहीं खाते

दावत तो बड़ी चीज़ है हम जैसे क़लन्दर
हर एक के पैसों की दवा भी नहीं खाते

अल्लाह ग़रीबों का मददगार है राना
हम लोगों के बच्चे कभी सर्दी नहीं खाते

❖

13.

ऐ हुकूमत, तेरा मेआर न गिरने पाये
मेरी मस्जिद है ये मीनार न गिरने पाये

आँधियो! दश्त में तहज़ीब से दाख़िल होना
पेड़ कोई भी समरदार न गिरने पाये

मैं निहत्थों पर कभी वार नहीं करता हूँ
मेरे दुश्मन, तेरी तलवार न गिरने पाये

इसमें बच्चों की जली लाशों की तस्वीरें हैं
देखना, हाथ से अख़बार न गिरने पाये

मिलता-जुलता है सभी माँओं से माँ का चेहरा
गुरुद्वारे की भी दीवार न गिरने पाये

❖

14.

नये कमरों में अब चीज़ें पुरानी कौन रखता है
परिन्दों के लिए शहरों में पानी कौन रखता है

कहीं भी इन दिनों मेरी तबीयत ही नहीं लगती
तेरी जानिब से दिल में बदगुमानी कौन रखता है

हमीं गिरती हुई दीवार को थामे रहे वरना
सलीक़े से बुज़ुर्गों की निशानी कौन रखता है

ये रेगिस्तान है चश्मा कहीं से फूट सकता है
शराफ़त इस सदी में ख़ाऽ.दानी कौन रखता है

हमीं भूले नहीं अच्छे-बुरे दिन आज तक वरना
मुनव्वर, याद माज़ी की कहानी कौन रखता है

❖

15.

जिस्म का बरसों पुराना ये खँडर गिर जायेगा
आँधियों का ज़ोर कहता है शजर गिर जायेगा

हम तवक़्क़ो से ज़्यादा सख़्तजाँ साबित हुए
वो समझता था कि पत्थर से समर गिर जायेगा

अब मुनासिब है कि तुम काँटों को दामन सौंप दो
फूल तो ख़ुद ही किसी दिन सूख कर गिर जायेगा

मेरी गुड़िया-सी बहन को ख़ुदकुशी करना पड़ी
क्या ख़बर थी, दोस्त मेरा इस क़दर गिर जायेगा

इसलिए मैंने बुज़ुर्गों की ज़मीनें छोड़ दीं
मेरा घर जिस दिन बसेगा, तेरा घर गिर जायेगा

❖

16.

ख़ुदा-न-ख़्वास्ता जन्नत हराम कर लेंगे
मुनफ़िक़ों को अगर हम सलाम कर लेंगे

अभी तो मेरी ज़रूरत है मेरे बच्चों को
बड़े हुए तो ये ख़ुद इन्तज़ाम कर लेंगे

इसी ख़याल से हमने ये पेड़ बोया है
हमारे साथ परिन्दे क़याम कर लेंगे

❖

17.

बिछड़ने वालों का अब इन्तज़ार क्या करना
उड़ा दिये तो कबूतर शुमार क्या करना

हमारे हाथ में तलवार भी है, मौक़ा भी
मगर गिरे हुए दुश्मन पे वार क्या करना

वो आदमी है तो एहसासे-जुर्म काफ़ी है
वो संग है तो उसे संगसार क्या करना

बदन में ख़ून नहीं हो तो ख़ूँबहा कैसा
मगर अब इसका बयाँ बार-बार क्या करना

चराग़े-आख़िरे-शब जगमगा रहा है मगर
चराग़े-आख़िरे-शब का शुमार क्या करना

❖

18.

जल रहे हैं धूप में लेकिन इसी सहरा में हैं
क्या ख़बर वहशत को हम भी शहरे-कलकत्ता में हैं

हम हैं गुज़रे वक़्त की तहज़ीब के रौशन चराग़
फ़ख़्र कर अर्ज़े-वतन हम आज तक दुनिया में हैं

मछलियाँ तक ख़ौफ़ से दरिया किनारे आ गयीं
ये हमारा हौसला है हम अगर दरिया में हैं

हम को बाज़ारों की ज़ीनत के लिए तोड़ा गया
फूल हो कर भी कहाँ हम गेसू-ए-लैला में हैं

मेरे पीछे आने वालों को कहाँ मालूम है
ख़ून के धब्बे भी शामिल मेरे नक़्शे-पा में हैं

ऐब-जूई से अगर फ़ुर्सत मिले तो देखना
दोस्तो! कुछ ख़ूबियाँ भी हज़रते राना में हैं

❖

19.

फिर आँसुओं की ज़रूरत न चश्मे-तर को हुई
हुई जब उससे जुदाई तो उम्र भर को हुई

तकल्लुफ़ात ने ज़ख़्मों को कर दिया नासूर
कभी मुझे कभी ताख़ीर चारागर को हुई

अब अपनी जान भी जाने का ग़म नहीं हमको
चलो, ख़बर तो किसी तरह बेख़बर को हुई

बस एक रात दरीचे में चाँद उतरा था
कि फिर चराग़ की ख़्वाहिश न बामो-दर को हुई

किसी भी हाथ का पत्थर इधर नहीं आया
नदामत अब के बहुत शाख़े-बेसमर हो हुई

हमारे पाँव में काँटे चुभे हुए थे मगर
कभी सफ़र में शिकायत न हमसफ़र को हुई

मैं बे-पता लिखे ख़त की तरह था ऐ राना
मेरी तलाश बहुत मेरे नामाबर को हुई

❖

20.

मेरे कमरे में अँधेरा नहीं रहने देता
आपका ग़म मुझे तनहा नहीं रहने देता

वो तो ये कहिए कि शमशीर-ज़नी आती थी
वरना दुश्मन हमें ज़िन्दा नहीं रहने देता

मुफ़लिसी घर में ठहरने नहीं देती हमको
और परदेस में बेटा नहीं रहने देता

तिश्नगी मेरा मुक़द्दर है इसी से शायद
मैं परिन्दों को भी प्यासा नहीं रहने देता

रेत पर खेलते बच्चों को अभी क्या मालूम
कोई सैलाब घरौंदा नहीं रहने देता

ग़म से लछमन की तरह भाई का रिश्ता है मेरा
मुझको जंगल में अकेला नहीं रहने देता

❖

21.

तुझे अकेले पढ़ूँ कोई हमसबक़ न रहे
मैं चाहता हूँ कि तुझ पर किसी का हक़ न रहे

मुझे जुदाई के मौसम पर एतराज़ नहीं
मेरी दुआ है कि उसको भी कुछ क़लक़ न रहे

जो तेरा नाम किसी अजनबी के लब चूमे
मेरी जबीं पे ये मुमकिन नहीं अरक़ न रहे

वो मुझको छोड़ न देता तो और क्या करता
मैं वो किताब हूँ जिसके कई वरक़ न रहे

उसे भी हो गयी मुद्दत किताबे-दिल खोले
मुझे भी याद पुराने कई सबक़ न रहे

वो हमसे छीन के माज़ी भी ले गया राना
हम उसको याद भी करने के मुस्तहक़ न रहे

❖

22.

हम पर अब इसलिए ख़ंजर नहीं फेंका जाता
ख़ुश्क तालाब में कंकर नहीं फेंका जाता

उसने रक्खा है हिफ़ाज़त से हमारे ग़म को
औरतों से कभी ज़ेवर नहीं फेंका जाता

मेरे अजदाद ने रौंदे हैं समन्दर सारे
मुझ से तूफ़ान में लंगर नहीं फेंका जाता

लिपटी रहती है तेरी याद हमेशा हमसे
कौई मौसम हो, ये मफ़लर नहीं फेंका जाता

जो छुपा लेता हो दीवार की उरयानी को
दोस्तो! ऐसा कलेंडर नहीं फेंका जाता

गुफ़्तगू फ़ोन पे हो जाती है राना साहब
अब किसी छत पे कबूतर नहीं फेंका जाता

❖

23.

जिस तरह किनारे से किनारा नहीं मिलता
मैं जिससे बिछड़ता हूँ दोबारा नहीं मिलता

शर्म आती है मज़दूरी बताते हुए हमको
इतने में तो बच्चे का गुबारा नहीं मिलता

आदत भी बुज़ुर्गों से हमारी नहीं मिलती
चेहरा भी बुज़ुर्गों से हमारा नहीं मिलता

ग़ालिब की तरफ़दार है दुनिया तो हमें क्या
ग़ालिब से कोई शे'र हमारा नहीं मिलता

❖

24.

तलाश करते हैं उनको ज़रूरतों वाले
कहाँ गये वो पुरानी शराफ़तों वाले

तमाम उम्र सलामत रहें दुआ है यही
हमारे सर पे हैं जो हाथ बरक़तों वाले

हम एक तितली की ख़ातिर भटकते-फिरते थे
कभी न आयेंगे वो दिन शरारतों वाले

ज़रा-सी बात पे आँखें बरसने लगती थीं
कहाँ चले गये मौसम वो चाहतों वाले

बँधे हुए हैं मेरे हाथ पुश्त की जानिब
कहाँ हैं, आयें, पुरानी अदावतों वाले

❖

25.

कभी ख़ुशी से ख़ुशी की तरफ़ नहीं देखा
तुम्हारे बाद किसी की तरफ़ नहीं देखा

ये सोच कर कि तेरा इन्तज़ार लाज़िम है
तमाम उम्र घड़ी की तरफ़ नहीं देखा

यहाँ तो जो भी है आबे-रवाँ का आशिक़ है
किसी ने ख़ुश्क नदी की तरफ़ नहीं देखा

न रोक ले हमें रोता हुआ कोई चेहरा
चले तो मुड़ के गली की तरफ़ नहीं देखा

रविश बुज़ुर्गों की शामिल है मेरी घुट्‌टी में
ज़रूरतन भी सख़ी की तरफ़ नहीं देखा

❖

26.

ख़ानदानी विरासत के नीलाम पर आप अपने को तैयार करते हुए
उस हवेली के सारे मकीं रो दिये उस हवेली को बाज़ार करते हुए

दोस्ती-दुश्मनी दोनों शामिल रहीं दोस्तों की नवाज़िश थी कुछ इस तरह
काट ले शोख़ बच्चा कोई जिस तरह माँ के रुख़सार पर प्यार करते हुए

दुख बुज़ुर्गों ने काफ़ी उठाये मगर मेरा बचपन बहुत ही सुहाना रहा
उम्र भर धूप में पेड़ जलते रहे अपनी शाख़ें समरदार करते हुए

माँ की ममता घने बादलों की तरह सर पे साया किये साथ चलती रही
एक बच्चा किताबें लिये हाथ में ख़ामुशी से सड़क पार करते हुए

भीगी पलकें मगर मुस्कुराते हुए जैसे पानी बरसने लगे धूप में
मैंने राना मगर मुड़ के देखा नहीं घर की दहलीज़ को पार करते हुए

❖

27.

बला से दाद कम मिलती मगर मेआर बच जाता
अगर परहेज़ कर लेता तो ये बीमार बच जाता

मेरे जज़्बात गूँगे थे ज़बाँ खोली नहीं अपनी
नहीं तो ग़ैर मुमकिन था मेरा किरदार बच जाता

बना कर घोंसला रहता था एक जोड़ा कबूतर का
अगर आँधी नहीं आती तो ये मीनार बच जाता

हमें तो एक दिन मरना था हम चाहे जहाँ मरते
उसे शर्मिन्दगी होती जो उसका वार बच जाता

बुज़ुर्गों की बनाई ये इमारत बिकने वाली है
जो तुम ग़ज़लें नहीं कहते तो कारोबार बच जाता

❖

28.

ऐ ख़ुदा, देख ले दुखने लगीं आँखें मेरी
जब से वो आ के चुरा ले गया नींदें मेरी

कोई ख़्वाहिश, न तमन्ना, न मसर्रत, न मलाल
जिस्म का क़र्ज़ अदा करती हैं साँसें मेरी

धूप रिश्तों की निकल आयेगी, ये आस लिये
घर की दहलीज़ पे बैठी रहीं बहनें मेरी

मैं इक इस्कूल के आँगन का शजर हूँ राना
नोच ली जाती हैं बचपन ही में शाख़ें मेरी

❖

29.

सफ़र में जो भी हो रख़्ते-सफ़र उठाता है
फलों का बोझ तो हर एक शजर उठाता है

हमारे दिल को कोई दूसरी शबीह नहीं
कहीं किराये पे कोई ये घर उठाता है

बिछड़ के तुझसे बहुत मुज़महिल है दिल लेकिन
कभी-कभी तो ये बीमार सर उठाता है

वो अपने काँधों पे कुनबे का बोझ रखता है
इसीलिए तो क़दम सोच कर उठाता है

मैं नर्म मिट्टी हूँ तुम रौंद कर गुज़र जाओ
कि मेरे नाज़ तो बस कूज़ागर उठाता है

❖

30.

बड़े शहरों में भी रह कर बराबर याद करता था
वो एक छोटे-से इस्टेशन का मंज़र याद करता था

बहन का प्यार, माँ की मामता, दो चीख़ती आँखें
यही तोहफ़े थे वो जिनको मैं अक्सर याद करता था

न जाने कौन-सी मजबूरियाँ परदेस लायी थीं
वो जितनी देर भी ज़िन्दा रहा, घर याद करता था

उसे मुझसे बिछड़ने पर नदामत तो नहीं लेकिन
कहीं मिल जाये तो कहना मुनव्वर याद करता था

❖

31.

हालाँकि हमें लौट के जाना भी नहीं है
कश्ती मगर इस बार जलाना भी नहीं है

तलवार न छूने की क़सम खायी है लेकिन
दुश्मन को कलेजे से लगाना भी नहीं है

ये देख के मक़तल में हँसी आती है मुझको
सच्चा मेरे दुश्मन का निशाना भी नहीं है

मैं हूँ, मेरा बच्चा है, खिलौनों की दुकाँ है
अब कोई मेरे पास बहाना भी नहीं है

पहले की तरह आज भी हैं तीन ही शायर
ये राज़ मगर सबको बताना भी नहीं है

❖

32.

हमें भी पेट की ख़ातिर ख़ज़ाना ढूँढ लेना है
इसी फेंके हुए खाने से दाना ढूँढ लेना है

तुम्हें ऐ भाइयो यूँ छोड़ना अच्छा नहीं लेकिन
हमें अब शाम से पहले ठिकाना ढूँढ लेना है

खिलौनों के लिए बच्चे अभी तक जागते होंगे
तुझे ऐ मुफ़लिसी कोई बहाना ढूँढ लेना है

मुसाफ़िर हैं हमें भी शबगुज़ारी के लिए राना
बजाय मैक़दे के चायख़ाना ढूँढ लेना है

❖

33.

सहरा में रह के क़ैस ज़्यादा मज़े में है
दुनिया समझ रही है कि लैला मज़े में है

बरबाद कर दिया हमें परदेस ने मगर
माँ सब से कह रही है कि बेटा मज़े में है

है रूह बेक़रार अभी तक यज़ीद की
वो इसलिए कि आज भी प्यासा मज़े में है

दुनिया अगर मज़ाक़ बदल दे तो और बात
अब तक तो झूठ बोलने वाला मज़े में है

शायद उसे ख़बर भी नहीं है कि इन दिनों
बस इक वही उदास है राना मज़े में है

❖

34.

हमारे साथ चल कर देख लें ये भी चमन वाले
यहाँ अब कोयला चुनते हैं फूलों-से बदन वाले

बड़ी बेचारगी से लौटती बारात तकते हैं
बहादुर हो के भी मजबूर होते हैं दुल्हन वाले

हमारी चीख़ती आँखों ने जलते शहर देखे हैं
बुरे लगते हैं अब क़िस्से हमें भाई-बहन वाले

गुज़रता वक़्त मरहम की तरह ज़ख़्मों को भर देगा
हमें भी रफ़्ता-रफ़्ता भूल जायेंगे वतन वाले

जो घर वालों की मजबूरी का सौदा कर लिया हमने
हमें ज़िन्दा न छोड़ेंगे हमारी यूनियन वाले

❖

35.

जो मसलहत के क़फ़स में असीर हो जाता
मुझे यक़ीन है मैं भी वज़ीर हो जाता

मैं दस्ते-इल्म में रह कर क़लम की सूरत हूँ
अगर कमान में रहता तो तीर हो जाता

मैं अपने दिल को बड़ी बन्दिशों में रखता हूँ
नहीं तो और ये बच्चा शरीर हो जाता

ज़मीर बेचने वालों से दोस्ती न हुई
वगरना सुबह से पहले अमीर हो जाता

मेरा मक़ाम तेरे शहर ने नहीं समझा
अगर मैं दिल्ली में रहता तो मीर हो जाता

❖

36.

बिछड़ते वक़्त भी चेहरा नहीं उतरता है
यहाँ सरों से दुपट्टा नहीं उतरता है

मुझे बुलाता है मक़तल मैं किस तरह जाऊँ
कि मेरी गोद से बच्चा नहीं उतरता है

हवेलियों की छतें गिर गयीं मगर अब तक
मेरे बुज़ुर्गों का नश्शा नहीं उतरता है

कोई पड़ोस में भूखा है इसलिए शायद
मेरे गले से निवाला नहीं उतरता है

अज़ाब उतरेंगे शायद मेरी ज़मीनों पर
कि नेकियों का फ़रिश्ता नहीं उतरता है

मेरे कटे हुए बाज़ू भी देख कर राना
मेरे हरीफ़ का ग़ुस्सा नहीं उतरता है

❖

37.

या तो दिलों से लफ़्ज़े-तमन्ना निकाल दे
या ख़ुश्क बस्तियों से भी गंगा निकाल दे

घेरे हुए हैं चारों तरफ़ से मुझे हरीफ़
मूसा के रहनुमा कोई रस्ता निकाल दे

मैं तेरे साथ चलने को तैयार हूँ मगर
काँटा तो मेरे पाँव से बाबा निकाल दे

इन गूँगे नाक़िदों की तसल्ली के वास्ते
उस्ताद मेरे शे'र से सकता निकाल दे

❖

38.

ख़ाली-ख़ाली न यूँ ही दिल का मकाँ रह जाये
तुम ग़मे-यार से कह दो कि यहाँ रह जाये

रूह भटकेगी तो बस तेरे लिए भटकेगी
जिस्म का क्या भरोसा है ये कहाँ रह जाये

एक मुद्दत से मेरे दिल में वो यूँ रहता है
जैसे कमरे में चराग़ों का धुआँ रह जाये

इसलिए ज़ख़्मों को मरहम से नहीं मिलवाया
कुछ-न-कुछ आपकी क़ुरबत का निशाँ रह जाये

❖

39.

तुझमें ये जुरअते–इज़हार नहीं आयेगी
तेरे सर पर मेरी दस्तार नहीं आयेगी

ऐ मेरे भाई, मेरे ख़ून का बदला ले ले
हाथ में रोज़ ये तलवार नहीं आयेगी

कल कोई और नज़र आयेगा इस मसनद पर
तेरे हिस्से में ये हर बार नहीं आयेगी

आ, मेरे दिल के किसी गोशे में आ कर छुप जा
कोई रुसवाई की बौछार नहीं आयेगी

तुम न साहेब, न मुसाहेब, न गवर्नर, न वज़ीर
तुमको लेने के लिए कार नहीं आयेगी

❖

40.

नाकामियों के बाद भी हिम्मत वही रही
ऊपर का दूध पी के भी ताक़त वही रही

शायद ये नेकियाँ हैं हमारी कि हर जगह
दस्तार के बग़ैर भी इज़्ज़त वही रही

मैं सर झुका के शहर में चलने लगा मगर
मेरे मुख़ालफ़ीन में दहशत वही रही

जो कुछ मिला था माले-ग़नीमत में लुट गया
मेहनत से जो कमायी थी दौलत वही रही

क़दमों में ला के डाल दीं सब नेमतें मगर
सौतेली माँ को बच्चे से नफ़रत वही रही

खाने की चीज़ें माँ ने जो भेजी हैं गाँव से
बासी भी हो गयी हैं तो लज़्ज़त वही रही

❖

41.

किस दिन कोई रिश्ता मेरी बहनों को मिलेगा
कब नींद का मौसम मेरी आँखों को मिलेगा

ये सोच के माँ-बाप की ख़िदमत में लगा हूँ
इस पेड़ का साया मेरे बच्चों को मिलेगा

अब देखिए कौन आये जनाज़े को उठाने
यूँ तार तो मेरे सभी बेटों को मिलेगा

दुनिया की ये तक़दीर बदलने को उठेंगे
मौक़ा जो किसी रोज़ ग़रीबों को मिलेगा

इस जंग ने बैसाखियाँ बख़्शीं मुझे राना
सरकार से इनाम वज़ीरों को मिलेगा

❖

42.

जो अश्क गूँगे थे वो अर्ज़े-हाल करने लगे
हमारे बच्चे हमीं से सवाल करने लगे

हवा उड़ाये लिये जा रही है हर चादर
पुराने लोग सभी इन्तक़ाल करने लगे

शिकम की आग में जलने दिया न इज़्ज़त को
किसी ने पूछ लिया तो ख़िलाल करने लगे

मुझे ख़बर है कि अब मैं बिखरने वाला हूँ
इसीलिए वो बहुत देख-भाल करने लगे

मेरे ग़मों को लगाये हुए हैं सीनों से
पराये बच्चों का वो भी ख़याल करने लगे

परिन्दे चुप हैं कि जैसे फ़साद में बच्चे
शिकारी झील का पानी जो लाल करने लगे

❖

43.

उड़ के यूँ छत से कबूतर मेरे सब जाते हैं
जैसे इस मुल्क से मज़दूर अरब जाते हैं

हमने बाज़ार में देखे हैं घरेलू चेहरे
मुफ़लिसी, तुझसे बड़े लोग भी दब जाते हैं

कौन हँसते हुए हिजरत पे हुआ है राज़ी
लोग आसानी से घर छोड़ के कब जाते हैं

और कुछ रोज़ के मेहमान हैं हम लोग यहाँ
यार बेकार हमें छोड़ के अब जाते हैं

लोग मशकूक निगाहों से हमें देखते हैं
रात को देर से घर लौट के जब जाते हैं

44.

हमें मज़दूरों की, मेहनतकशों की याद आती है
इमारत देख कर कारीगरों की याद आती है

नमाज़ें पढ़ के वापस लौटते बच्चों से मिलते ही
न जाने क्यों हमें पैग़म्बरों की याद आती है

मैं अपने भाइयों के साथ जब बाहर निकलता हूँ
मुझे यूसुफ़ के जानी दुश्मनों की याद आती है

तुम्हारे शहर की ये रौनक़ें अच्छी नहीं लगतीं
हमें जब गाँव के कच्चे घरों की याद आती है

मेरे बच्चे कभी मुझसे जो पानी माँग लेते हैं
तो पहरों करबला के वाक़यों की याद आती हैं

❖

45.

कुछ खिलौने कभी आँगन में दिखाई देते
काश, हम भी किसी बच्चे को मिठाई देते

सूने पनघट का कोई दर्द-भरा गीत थे हम
शहर के शोर में क्या तुझ को सुनाई देते

किसी बच्चे की तरह फूट के रोयी थी बहुत
अजनबी हाथ में वो अपनी कलाई देते

कहीं बेनूर न हो जायें वो बूढ़ी आँखें
घर में डरते थे ख़बर भी मेरे भाई देते

साथ रहने से भी खिल जाते हैं रिश्तों के कँवल
बन्दिशें रोने लगीं मुझ को रिहाई देते

बस किसी बात के एहसास ने रोका वरना
हम भी औरों की तरह तुझ को बधाई देते

सिसकियाँ उसकी न देखी गयीं मुझ से राना
रो पड़ा मैं भी उसे पहली कमाई देते

❖

46.

कभी शहरों से गुज़रेंगे कभी सहरा भी देखेंगे
हम इस दुनिया में आये हैं तो ये मेला भी देखेंगे

हमारी मुफ़लिसी हम को इजाज़त तो नहीं देती
मगर हम तेरी ख़ातिर कोई शहज़ादा भी देखेंगे

मेरे अश्कों की तेरे शहर में क़ीमत नहीं लेकिन
तड़प जायेंगे घर वाले जो इक क़तरा भी देखेंगे

मेरे वापस न आने पर बहुत-से लोग ख़ुश होंगे
मगर कुछ लोग मेरा उम्र भर रस्ता भी देखेंगे

❖

47.

ख़ुश्क था जो पेड़ उस पर पत्तियाँ अच्छी लगीं
तेरे होंटों पर लरज़ती सिसकियाँ अच्छी लगीं

हर सहूलत थी मयस्सर लेकिन इसके बावजूद
माँ के हाथों की पकाई रोटियाँ अच्छी लगीं

जिसने आज़ादी के क़िस्से भी सुने हों क़ैद में
उस परिन्दे को क़फ़स की तीलियाँ अच्छी लगीं

हाथ उठा कर वक़्ते-रुख़्सत जब दुआएँ उसने दीं
उसके हाथों की खनकती चूड़ियाँ अच्छी लगीं

हम बहुत थक-हार कर लौटे थे लेकिन जाने क्यों
रेंगती, बढ़ती, सरकती चींटियाँ अच्छी लगीं

❖

48.

बजाय इसके कि संसद दिखायी देने लगे
ख़ुदा करे तुझे गुम्बद दिखायी देने लगे

वतन से दूर भी यारब वहाँ पे दम निकले
जहाँ से मुल्क की सरहद दिखायी देने लगे

शिकारियों से कहो सर्दियों का मौसम है
परिन्दे झील पे बेहद दिखायी देने लगे

मेरे ख़ुदा, मेरी आँखों से मेरी रोशनी ले ले
कि भीख माँगते सैयद दिखायी देने लगे

हैं ख़ानाजंगी के आसार मुल्क में राना
कि हर तरफ़ यहाँ नारद दिखायी देने लगे

❖

49.

वो मैला-सा बोसीदा-सा आँचल नहीं देखा
बरसों हुए हमने कोई पीपल नहीं देखा

इन्सानों को होते हुए पागल नहीं देखा
हैरत है कि तुमने कभी मक़तल नहीं देखा

सहरा की कहानी भी बुज़ुर्गों से सुनी है
इस अहद के मजनूँ ने तो जंगल नहीं देखा

इस डर से कि दुनिया कहीं पहचान न जाये
महफ़िल में कभी उस को मुसलसल नहीं देखा

सोने के ख़रीदार न ढूँढो कि मुनव्वर
मुद्दत से यहाँ लोगों ने पीतल नहीं देखा

❖

50.

रौशनी देती हुई सब लालटेनें बुझ गयीं
ख़त नहीं आया जो बेटों का तो माएँ बुझ गयीं

मुफ़लिसी ने सारे आँगन में अँधेरा कर दिया
भाई ख़ाली हाथ लौटे और बहनें बुझ गयीं

वो चमक थी इक ज़माने में कि सूरज माँद था
रफ़्ता-रफ़्ता दिल की सारी आरज़ूएँ बुझ गयीं

अब अँधेरा मुस्तक़िल रहता है इस दहलीज़ पर
जो हमारी मुन्तज़िर रहती थीं, आँखें बुझ गयीं

❖

51.

काश, ऐसे ही तेरी याद कभी आ जाये
जैसे रोते हुए बच्चे को हँसी आ जाये

मैं कि फ़रहाद नहीं बाप हूँ इक बेटे का
सिर्फ़ रोज़ी के लिए कोहकनी आ जाये

आओ कुछ देर कहीं बैठ के रो लें राना
इससे पहले कि जुदाई की घड़ी आ जाये

❖

जो तीर भी आता है वो ख़ाली नहीं जाता
मायूस मेरे दर से सवाली नहीं जाता

काँटे ही किया करते हैं फूलों की हिफ़ाज़त
फूलों को बचाने कोई माली नहीं जाता

❖

52.

जब तक रहा हूँ धूप में चादर बना रहा
मैं अपनी माँ का आख़िरी ज़ेवर बना रहा

ये आँसुओं का मुझ पे करम है कि उम्र भर
चेहरा मेरा जवाबे-गुले-तर बना रहा

मैंने समन्दरों को खंगाला मैं कुछ नहीं
वो नालियों में रह के शनावर बना रहा

हँसना न भूल जाये ये दुनिया इसी लिए
मैं बादशाह हो के भी जोकर बना रहा

डूबे हुए किसी को ज़माना गुज़र गया
पानी पे एक नक़्श बराबर बना रहा

उसने भी ख़त्तो-ख़ाल नुमायाँ नहीं किये
मैं भी उक़ाब हो के कबूतर बना रहा

❖

53.

अजीब तरह की मायूसियों में छोड़ आये
हम आज उसको बड़ी उलझनों में छोड़ आये

अगर हरीफ़ों में होता तो बच भी सकता था
ग़लत किया जो उसे दोस्तों में छोड़ आये

सफ़र का शौक़ भी कितना अजीब होता है
वो चेहरा भीगा हुआ आँसुओं में छोड़ आये

फिर उसके बाद वो आँखें कभी नहीं रोयीं
हम उनको ऐसी ग़लतफ़हमियों में छोड़ आये

महाज़े-जंग पे जाना बहुत ज़रूरी था
बिलखते बच्चे हम अपने घरों में छोड़ आये

जब एक वाक़या बचपन का हमको याद आया
हम उन परिन्दों को फिर घोंसलों में छोड़ आये

❖

54.

मेरे ज़ख़्मों की नुमाइश नहीं होने वाली
चारागर से कभी पुरसिश नहीं होने वाली

ख़ानक़ाहों से निकल आओ मिसाले-शमशीर
सिर्फ़ तक़रीर से बख़्शिश नहीं होने वाली

अपनी फ़सलों को कुएँ खोद के सैराब करो
हाथ फैलाने से बारिश नहीं होने वाली

ख़ुद को तक़सीम कई ख़ानों में करने वालो
तुमसे ज़र्रों में भी जुम्बिश नहीं होने वाली

तर्क़ इस्लाम करे या कोई क़शक़ा खींचे
अपने ईमान में लग्ज़िश नहीं होने वाली

क़त्ल होना हमें मंज़ूर है लेकिन राना
हमसे क़ातिल की सिफ़ारिश नहीं होने वाली

55.

मुझको गहराई में मिट्टी की उतर जाना है
ज़िन्दगी, बाँध ले सामाने-सफ़र, जाना है

घर की दहलीज़ पर रौशन हैं वो बुझती आँखें
मुझको मत रोक मुझे लौट के घर जाना है

मैं वो मेले में भटकता हुआ इक बच्चा हूँ
जिसके माँ-बाप को रोते हुए मर जाना है

ज़िन्दगी ताश के पत्तों की तरह है मेरी
और पत्तों को बहरहाल बिखर जाना है

एक बेनाम-से रिश्ते की तमन्ना ले कर
इस कबूतर को किसी छत पे उतर जाना है

❖

56.

फेफड़ों को कारख़ाने का धुआँ खाने लगा
ये समन्दर अब बराबर कश्तियाँ खाने लगा

भूख से बेहाल बच्चे तो नहीं रोये मगर
घर का चूल्हा मुफ़लिसी की चुग़लियाँ खाने लगा

मुफ़लिसी हरगिज़ नहीं ये सानेहा है दोस्तो
गोद में बच्चा है लेकिन रोटियाँ खाने लगा

ज़िन्दगी उस रास्ते पर मुझको ले आयी जहाँ
मैं टरक वालों की सूरत गालियाँ खाने लगा

❖

57.

हुमकते, खेलते बच्चों की शैतानी नहीं जाती
मगर फिर भी हमारे घर से वीरानी नहीं जाती

निगाहें मुस्तक़िल पड़ती हैं इस पर ज़रपरस्तों की
भिखारन के बदन की फिर भी उरयानी नहीं जाती

हमारे दोस्तों ने हम पे पत्थर तो बहुत फेंके
मगर फ़िर भी हमारी ख़न्दापेशानी नहीं जाती

किसी बच्चे का ये जुमला अभी तक याद है राना
यतीमों को पढ़ाने कोई उस्तानी नहीं जाती

❖

58.

सायबाँ ख़ानाबदोशों के हवाले कर दे
ये घना पेड़ परिन्दों के हवाले कर दे

मैं हूँ मिट्टी तो मुझे कूज़ागरों तक पहुँचा
मैं खिलौना हूँ तो बच्चों के हवाले कर दे

शाम के वक़्त परिन्दे नहीं पकड़े जाते
बेज़बाँ हैं, इन्हें शाख़ों के हवाले कर दे

ठण्डे मौसम में भी सड़ जाता है बासी खाना
बच गया है तो ग़रीबों के हवाले कर दे

मैं भी सुक़रात हूँ सच बोल दिया है मैंने
ज़हर सारा मेरे होंटों के हवाले कर दे

इस तरह किश्तों में मरना मुझे मंज़ूर नहीं
अब मेरे शहर को फ़ौजों के हवाले कर दे

59.

चुभने लगेगा आँखों में, मंज़र न देखिए
इन खिड़कियों से झाँक के बाहर न देखिए

मजबूर दिल के हाथों न होना पड़े मुझे
जा ही रहे हैं आप तो मुड़ कर न देखिए

आँखों में रह न जाये कहीं पस्तियों का अक्स
इतनी बुलन्दियों से मेरा घर न देखिए

मासूमियत पे आपकी हँसने लगेगी झील
कच्चे घड़े को पानी से भर कर न देखिए

रोना पड़ेगा बैठ के अब देर तक मुझे
मैं कहा रहा था आपसे, हँस कर न देखिए

काँटों की रहगुज़र हो कि फूलों का रास्ता
फैला दिये हैं पाँव तो चादर न देखिए

❖

60.

सरक़े का कोई दाग़ जबीं पर नहीं रखता
मैं पाँव भी ग़ैरों की ज़मीं पर नहीं रखता

दुनिया में कोई उसके बराबर ही नहीं है
होता तो, क़दम अर्शे-बरीं पर नहीं रखता

कमज़ोर हूँ लेकिन मेरी आदत ही यही है
मैं बोझ उठा लूँ तो कहीं पर नहीं रखता

इन्साफ़ वो करता है गवाहों की मदद से
ईमान की बुनियाद यक़ीं पर नहीं रखता

इन्सानों को जलवायेगी कल इससे ये दुनिया
जो बच्चा खिलौना भी ज़मीं पर नहीं रखता

❖

61.

दिल्ली पुकारती है कभी बम्बई मुझे
क्या दर-बदर फिरायेगी मिट्टी मेरी मुझे

पत्तों ने कुछ कहा था ख़िज़ाओं के कान में
ऐसा लगा कि आपने आवाज़ दी मुझे

उसकी नवाज़िशें भी अजीबो-ग़रीब हैं
मुफ़लिस बना के बख़्श दी दरयादिली मुझे

इस शहर ने तो नाम भी मेरा बदल दिया
कहते थे पहले लोग मुनव्वर अली मुझे

❖

62.

गौतम की तरह घर से निकल कर नहीं जाते
हम रात में छुप कर कहीं बाहर नहीं जाते

बचपन में किसी बात पे हम रूठ गये थे
उस दिन से इसी शहर में हैं, घर नहीं जाते

इक उम्र यूँ ही काट दी फ़ुटपाथ पे रह कर
हम ऐसे परिन्दे हैं जो उड़ कर नहीं जाते

उस वक़्त भी अक्सर तुझे हम ढूँढने निकले
जिस धूप में मज़दूर भी छत पर नहीं जाते

हर वार अकेले ही सहा करते हैं राना
हम साथ में ले कर कहीं लश्कर नहीं जाते

❖

63.

शहर को फ़िरक़ापरस्ती की वबा खा जायेगी
ये बुज़ुर्गों की कमाई दाश्ता खा जायेगी

शहर में आने से पहले ये कहाँ मालूम था
बेहयाई मेरी आँखों की हया खा जायेगी

फिर चला है कोई वादे को निभाने के लिए
ये नदी फिर आज इक कच्चा घड़ा खा जायेगी

अपने घर में सर झुकाये इसलिए आया हूँ मैं
इतनी मज़दूरी तो बच्चे की दवा खा जायेगी

❖

64.

लज़्ज़ते-गिरया से दिल जब आश्ना हो जायेगा
तुझ पे हर लम्हा मसर्रत का, सज़ा हो जायेगा

जब हवा सूखे हुए पत्ते उड़ा ले जायेगी
मेरी ख़ातिर कोई मसरूफ़े-दुआ हो जायेगा

मैं वसीयत कर सका कोई न वादा ले सका
मैंने सोचा भी नहीं था हादसा हो जायेगा

रास्ता तकती हुई आँखों से चल कर मिल भी ले
फल बदलते मौसमों में बेमज़ा हो जायेगा

भीख से तो भूख अच्छी गाँव को वापस चलो
शहर में रहने से ये बच्चा बुरा हो जायेगा

❖

65.

तुझको तड़पायेंगे पागल नहीं होने देंगे
हम इमारत को मुकम्मल नहीं होने देंगे

हम तेरी ख़ाक को छू कर ये क़सम खाते हैं
ऐ ज़मीं! हम तुझे मक़तल नहीं होने देंगे

उम्र भर रास्ता देखेंगी हमारी आँखें
हम ये दरवाज़े मुक़फ़्फ़ल नहीं होने देंगे

हमने देखा है कई शहरों को जंगल बनते
आँख से बच्चों को ओझल नहीं होने देंगे

❖

66.

दिल वो बस्ती है जहाँ कोई तमन्ना न मिली
मैं वो पनघट हूँ जिसे कोई भी राधा न मिली

एक ही आग में ता उम्र जले हम दोनों
तुम को युसुफ़ न मिला हमको जुलैख़ा न मिली

मेरा बनवास पे जाने का इरादा था मगर
मुझ को दुनिया में कहीं भी कोई सीता न मिली

उसने बुलवाये थे मशहूर नजूमी लेकिन
खुरदुरे हाथ में तक़दीर की रेखा न मिली

इत्तफ़ाक़न कभी आयी तो कोई ग़म लायी
ऐ ख़ुशी, तू मुझे इक बार भी तनहा न मिली

❖

67.

जो हुक्म देता है वो इल्तजा भी करता है
ये आसमान कहीं पर झुका भी करता है

मैं अपनी हार पर नादिम हूँ इस यक़ीन के साथ
कि अपने घर की हिफ़ाज़त ख़ुदा भी करता है

तू बेवफ़ा है तो ले इक बुरी ख़बर सुन ले
कि इन्तज़ार मेरा दूसरा भी करता है

हसीन लोगों से मिलने पे एतराज़ न कर
ये जुर्म वो है जो शादीशुदा भी करता है

हमेशा गुस्से से नुक़सान ही नहीं होता
कहीं-कहीं ये बहुत फ़ायदा भी करता है

❖

68.

जगमगाते हुए शहरों को तबाही देगा
और क्या मुल्क को मग़रूर सिपाही देगा

पेड़ उम्मीदों का सोच के काटा न कभी
फल न आ पायेंगे इसमें तो हवा ही देगा

तुमने ख़ुद ज़ुल्म को मेआरे-हुकूमत समझा
अब भला कौन तुम्हें मसनदे-शाही देगा

जिसमें सदियों से ग़रीबों का लहू जलता हो
वो दिया रौशनी क्या देगा, सियाही देगा

मुनसिफ़े-वक़्त है तू और मैं मज़लूम मगर
तेरा क़ानून मुझे फिर भी सज़ा ही देगा

किस में हिम्मत है जो सच बात कहेगा राना
कौन होगा, जो मेरे हक़ में गवाही देगा

❖

69.

दुख भी ला सकती है लेकिन जनवरी अच्छी लगी
जिस तरह बच्चों को जलती फुलझड़ी अच्छी लगी

रो रहे थे सब तो मैं भी फूट कर रोने लगा
वरना मुझको बेटियों की रुख़सती अच्छी लगी

ऐ ख़ुदा, तू फ़ीस के पैसे अता कर दे मुझे
मेरे बच्चों को भी यूनीवर्सिटी अच्छी लगी

वो सिमट जाना किसी का सुन के मेरा तज़किरा
लालटेनों में सँभलती रोशनी अच्छी लगी

तेरे दामन में सितारे हैं तो होंगे ऐ फ़लक
मुझ को अपनी माँ की मैली ओढ़नी अच्छी लगी

❖

70.

कुछ तो जिगर का ख़ून तेरे ग़म ने पी लिया
कुछ तश्नगी के जोश में ख़ुद हमने पी लिया

बाज़ार में अजीब कल इक वाक़या हुआ
मज़दूर के पसीने को रेशम ने पी लिया

यूँ ज़िन्दगी को चाट गयी हैं मुसीबतें
सरसों का तेल जिस तरह शीशम ने पी लिया

सुक़रात जैसा शख़्स भी जिसको न पी सका
उन तल्ख़ये-हयात को भी हमने पी लिया

चेहरे की ताज़गी को तेरे ग़म ने खा लिया
तस्वीर के शबाब को अलबम ने पी लिया

ज़ख़्मों से पहले चारागरों ने बुझायी प्यास
जो ख़ून बच गया था वो मरहम ने पी लिया

❖

71.

दुनिया में मुफ़लिसों का ठिकाना नहीं रहा
क्या सय्यदों का कोई घराना नहीं, रहा

कूज़ागरों के घर में मसर्रत कहाँ से आये
मिट्टी के बरतनों का ज़माना नहीं रहा

होंटों के पास लफ़्ज़ों की पूँजी नहीं रही
आँखों में आँसुओं का ख़ज़ाना नहीं रहा

उसने भी सब निशानियाँ दरिया को सौंप दीं
मुझको भी याद कोई फ़साना नहीं रहा

वो जा रहा है घर से जनाज़ा बुज़ुर्ग का
आँगन में इक दरख़्त पुराना नहीं रहा

कुछ रोज़ तक तो तुमको यक़ीं भी न आयेगा
जब ये सुनोगे शहर में राना नहीं रहा

❖

72.

बिलखते-चीख़ते बच्चों को रोता छोड़ कर जाना
अभी देखा नहीं तुमने किसी का दार पर जाना

मुसाफ़िर भीगती आँखों का लिक्खा पढ़ नहीं पाते
पलटना गाँव को तो मोड़ पर तहरीर कर जाना

परेशानी का मौसम भी बहुत दिलचस्प मौसम है
मेरे चेहरे को लोगों ने ग़मों का पोस्टर जाना

ये माना गाँव की पगडण्डियाँ हमको बुलाती हैं
मगर मुश्किल बहुत है अब हमारा लौट कर जाना

बवक़्ते-दुश्मनी उसकी यही ताक़ीद थी राना
किसी से बात मत करना जो हमसे रूठ कर जाना

❖

शजर अन्दर ही अन्दर जल रहा है
मगर हस्बे-ज़रूरत फल रहा है

❖

73.

कई घर हो गये बरबाद ख़ुद्दारी बचाने में
ज़मीनें बिक गयीं सारी ज़मींदारी बचाने में

कहाँ आसान है पहली मुहब्बत को भुला देना
बहुत मैंने लहू थूका है घरदारी बचाने में

कली का ख़ून कर देते हैं क़ब्रों की सजावट में
मकानों को गिरा देते हैं फुलवारी बचाने में

कोई मुश्किल नहीं है ताज उठाना और पहन लेना
मगर जानें चली जाती हैं सरदारी बचाने में

ख़ुदा की राह में सब कुछ लुटा दो हुक्म है लेकिन
मुअज़्जिन को मज़ा आता है अफ़तारी बचाने में

बुलावा जब बड़े दरबार से आता है ऐ राना
तो फिर नाकाम हो जाते हैं दरबारी बचाने में

❖

74

न जाने कौन-सी मजबूरियों में रहने लगे
मकान बेच के कालोनियों में रहने लगे

लिखी हुई थी मुक़द्दर में मौत पानी की
यही सबब है कि हम कश्तियों में रहने लगे

वो जिनकी आँखों ने नहीं देखा घर को जलते हुए
गिरहकटों की तरह पार्कों में रहने लगे

हमें बुज़ुर्गों की शफ़क़त कभी न मिल पायी
नतीजा ये है कि हम लोफ़रों में रहने लगे

पनाह दे न सका जब तुम्हारा शहर हमें
ख़ुदा का नाम लिया मस्जिदों में रहने लगे

❖

काजल से मेरा नाम न लिखिए किताब पर
कुछ लोग जल न जायें कहीं इन्तख़ाब पर

❖

75.

बहुत हसीन-सा इक बाग़ घर के नीचे है
मगर सुकून पुराने शजर के नीचे है

मुझे कढ़े हुए तकियों की क्या ज़रूरत है
किसी का हाथ अभी मेरे सर के नीचे है

ये हौसला है जो मुझ से उक़ाब डरते हैं
वगरना गोश्त कहाँ बालो-पर के नीचे है

उभरती-डूबती मौजें हमें बताती हैं
कि पुरसुकून समन्दर भँवर के नीचे है

अब इससे बढ़ के मुहब्बत का कुछ सुबूत नहीं
कि आज तक तेरी तस्वीर सर के नीचे है

मुझे ख़बर नहीं जन्नत बड़ी कि माँ, लेकिन
बुज़ुर्ग कहते हैं जन्नत बशर के नीचे है

❖

76.

वफ़ादारी को परखा जा रहा है
हमारा जिस्म दाग़ा जा रहा है

किसी बूढ़े की लाठी छिन गयी
वो देखो, इक जनाज़ा जा रहा है

मेरी तहज़ीब नंगी हो रही है
ये उड़ कर इक दुपट्टा जा रहा है

न जाने जुर्म क्या हमसे हुआ था
हमें क़िस्तों में लूटा जा रहा है

अब इस पर होगी कुछ मरहम-नवाज़ी
हमारा ज़ख़्म धोया जा रहा है

क़लम कुछ और लिखना चाहता था
मगर काग़ज़ ही भीगा जा रहा है

❖

77.

तो अब इस गाँव से रिश्ता हमारा ख़त्म होता है
फिर आँखें खोल ली जायें कि सपना ख़त्म होता है

मुक़द्दस मुस्कुराहट माँ के होंटों पर लरज़ती है
किसी बच्चे का जब पहला सिपारा ख़त्म होता है

हवाएँ चुपके-चुपके कान में आ कर ये कहती हैं
परिन्दो, उड़ चलो अब आबो-दाना ख़त्म होता है

बहुत दिन रह लिये दुनिया के सर्कस में तुम ऐ राना
चलो, अब उठ लिया जाये तमाशा ख़त्म होता है

❖

घेर लेने को मुझे जब भी बलाएँ आ गयीं
ढाल बन कर सामने माँ की दुआएँ आ गयीं

सूने आँगन की उदासी में इज़ाफ़ा हो गया
चोंच में तिनके लिये जब फ़ाख़्ताएँ आ गयीं

❖

78.

रिसते हुए ज़ख़्मों को दवा भी नहीं मिलती
अब हमको बुज़ुर्गों से सज़ा भी नहीं मिलती

क्या जाने कहाँ होते मेरे फूल-से बच्चे
विरसे में अगर माँ की दुआ भी नहीं मिलती

जो धूप में जलने का सलीक़ा नहीं रखता
उस पेड़ को पत्तों की क़बा भी नहीं मिलती

मुद्दत से तुम्हारा कोई ख़त भी नहीं आया
रस्ते में कहीं बादे-सबा भी नहीं मिलती

बस्तों की जगह पीठ पे जो बोझ लिये हों
उन बच्चों में बच्चों की अदा भी नहीं मिलती

❖

79.

अपने हाथों की लकीरों की तरफ़ क्या देखें
डूबते वक़्त जज़ीरों की तरफ़ क्या देखें

अपने ज़ख़्मों से ही फ़ुर्सत नहीं मिलती हमको
तुझ पे चलते हुए तीरों की तरफ़ क्या देखें

जिनसे मिलते हुए तौहीन हो ख़ुद्दारी की
ऐसे बेफ़ैज़ अमीरों की तरफ़ क्या देखें

हारना अपना मुक़द्दर ही जो ठहरा राना
ऐसी हालत में वज़ीरों की तरफ़ क्या देखें

❖

अपने चेहरे पर तबस्सुम की नक़ाबें न लगा
आँधियाँ तेज़ हैं कमज़ोर तनाबें न लगा

लोग पढ़ लेते हैं काजल से लिखी तहरीरें
दिल की अलमारी में यादों की किताबें न लगा

❖

80.

कानों में कोई फूल भी हँस कर नहीं पहना
उसने भी बिछड़ कर कभी ज़ेवर नहीं पहना

ये ज़ख़्म मुझे मेरे अज़ीज़ों से मिले हैं
इन कपड़ों को मैंने कहीं बाहर नहीं पहना

अहबाब बदल देने की आदत है कुछ उसको
इक कपड़े को उसने कभी दिन भर नहीं पहना

दिल ऐसा कि सीधे किये जूते भी बड़ों के
ज़िद इतनी कि ख़ुद ताज उठा कर नहीं पहना

दुनिया मेरे किरदार पे शक करने लगेगी
इस ख़ौफ़ से मैंने कभी खद्दर नहीं पहना

81.

चराग़े-दिल बुझाना चाहता था
वो मुझको भूल जाना चाहता था

मुझे वो छोड़ जाना चाहता था
मगर कोई बहाना चाहता था

ज़बाँ ख़ामोश थी उसकी मगर वो
मुझे वापस बुलाना चाहता था

उसे नफ़रत थी अपने आप से भी
मगर उसको ज़माना चाहता था

बहुत ज़ख़्मी थे उसके ह़ोंट लेकिन
वो बच्चा मुस्कुराना चाहता था

सफ़ेदी आ गयी बालों में उसके
वो बाइज़्ज़त घराना चाहता था

तमन्ना दिल की जानिब बढ़ रही थी
परिन्दा आशियाना चाहता था

❖

82.

आँखों में कोई ख़्वाब सुनहरा नहीं आता
इस झील पे अब कोई परिन्दा नहीं आता

हालात ने चेहरे की चमक छीन ली वरना
दो-चार बरस में तो बुढ़ापा नहीं आता

मुद्दत से तमन्नाएँ सजी बैठी हैं दिल में
इस घर में बड़े लोगों का रिश्ता नहीं आता

इस दर्जा मसायब के जहन्नुम में जला हूँ
अब कोई भी मौसम हो पसीना नहीं आता

मैं रेल में बैठा हुआ ये सोच रहा हूँ
इस दौर में आसानी से पैसा नहीं आता

बस तेरी मोहब्बत में चला आया हूँ वरना
यूँ सबके बुला लेने से राना नहीं आता

❖

83.

सितारे, चाँद, कलियाँ, फूल, फुलवारी नहीं लाते
ग़ज़ल में हम कभी भरती की गुलकारी नहीं लाते

ख़ुशामद, चापलूसी और मक्कारी नहीं लाते
हम अपने शे'र में अलफ़ाज दरबारी नहीं लाते

भरे शहरों में क़ुरबानी का मौसम जब से आया है
मेरे बच्चे कभी होली में पिचकारी नहीं लाते

अभी तक तेरे क़स्बे में कई ऐसे घराने हैं
कभी जो माँग कर मस्जिद से अफ़तारी नहीं लाते

सहीफ़ों को हमेशा दिल के जुज़दानों में रखते हैं
किताबों के लिए चाँदी की अलमारी नहीं लाते

ये बिकते फूल काफ़ी ख़ूबसूरत हैं मगर राना
हम अपने घर में कोई चीज़ बाज़ारी नहीं लाते

❖

84.

साथ अपने रौनक़ें शायद उठा ले जायेंगे
जब कभी कॉलेज से कुछ लड़के निकाले जायेंगे

हो सके तो दूसरी कोई जगह दे दीजिए
आँख का काजल तो चन्द आँसू बहा ले जायेंगे

कच्ची सड़कों से लिपट कर बैलगाड़ी रो पड़ी
ग़ालिबन परदेस को कुछ गाँव वाले जायेंगे

हम तो इक अख़बार से काटी हुई तस्वीर हैं
जिसको काग़ज़ चुनने वाले कल उठा ले जायेंगे

हादसों की गर्द से ख़ुद को बचाने के लिए
माँ, हम अपने साथ बस तेरी दुआ ले जायेंग

❖

85.

अहदे-नौ तेरे मीर हैं हम लोग
आप अपनी नज़ीर हैं हम लोग

वक़्त पड़ने पर जान तक दी है
यूँ बज़ाहिर फ़क़ीर हैं हम लोग

मौत को महजबीं समझते हैं
किस बला के शरीर हैं हम लोग

वक़्त की सीढ़ियों पे लेटे हैं
इस सदी के कबीर हैं हम लोग

रख रहे हैं तेरे क़फ़स का भरम
मत समझना असीर हैं हम लोग

86.

रोते हुए बिछड़ने की फ़सलें चली गयीं
शहरों से अब ख़ुलूस की रस्में चली गयीं

परदेस जाने वाले कभी लौट आयेंगे
लेकिन इस इन्तज़ार में आँखें चली गयीं

लौटा हूँ जंग हार के जब ये पता चला
राखी ज़मीं पे फेंक के बहनें चली गयीं

दिन-रात के सफ़र का नतीजा ये है कि अब
आँखों से सारी उम्र की नींदें चली गयीं

❖

ख़ुद से चल कर नहीं ये तर्ज़े सुख़न आया है
पाँव दाबे हैं बुज़ुर्गों के तो फ़न आया है

आदतें अब भी हैं उसकी वही पहले जैसी
सिर्फ़ कपड़े वो शरीफ़ों के पहन आया है

❖